ISRAËL : LA VENGEANCE DU MOSSAD ET DE TSAHAL APRÈS LE 7 OCTOBRE

Un livre de Fabrice François

« Le gardien d'Israël ne dort jamais »

AVANT-PROPOS

Passionné d'histoire, actuellement en poste dans une collectivité territoriale en tant que responsable de la Communication et ancien journaliste en radio, presse écrite et sur le web, ce livre enquête est une parenthèse à mes activités.

Mon épouse Saraspadee et mes filles Yanna et Elsa sont les pièces maîtresses de ma vie.

Introduction

Les massacres survenus le 7 octobre 2023 et l'opération baptisée « Déluge d'al-Aqsa » ont été un traumatisme pour Israël. Le Hamas a infligé à Israël sa pire attaque depuis la Shoah. Des centaines de membres du Hamas venus de la bande de Gaza vont tuer environ 1200 Israéliens et en kidnapper plus de 200. Le 7 octobre 2023, le monde est choqué par ces images et ces informations terrifiantes dès son réveil. Les corps de plus de mille personnes décédées, principalement des civils, remplissent le sol des kibboutz dans le sud d'Israël. Des jeunes participant à une rave-party dans le désert de Néguev, au nord de Gaza, sont froidement abattus et de nombreux otages sont détenus dans les positions du Hamas à Gaza. Le massacre du festival de musique de Réïm, ou massacre du festival Nova, marque le début des attaques du Hamas sur l'État hébreu.

L'opération « Déluge Al-Aqsa » lancée par le Hamas le 7 octobre se produit exactement cinquante ans après le début de la guerre du Kippour en 1973, associée à la fête juive de Soukkot. La fête des cabanes, appelée Soukkot, est observée pendant la semaine débutant le 15 Tichri dans le calendrier hébreu, qui correspond à la fin septembre ou au début du mois d'octobre. Avec Yom Kippour et Hanouka, Soukkot, fait partie des sept fêtes principales du judaïsme. La Bible hébraïque déclare aux enfants d'Israël de résider dans des cabanes pour une durée de sept jours (Lévitique 23, 42-43). Ce précepte est à la base de la célébration juive de Soukkot. Le terme « soukka » fait référence à une construction temporaire et son pluriel, « soukkot », désigne cette fête.

L'opération « Déluge d'al-Aqsa » a affaibli la prétendue toute-puissance du renseignement israélien, la combinaison Shin Bet (renseignement intérieur), Aman (renseignement militaire) et Mossad (renseignement extérieur). En Israël, le 7 octobre a été notamment vécu comme un

Pearl Harbor ou comme le 11 septembre de l'État hébreu. Tout comme en 1973, les services de renseignement israéliens ont été trompés par leur adversaire, ou plutôt ont commis la faute de rester dans l'incapacité de voir. En 1973 pendant la guerre du Kippour, l'armée israélienne avait été prise au dépourvu par une attaque simultanée de l'Égypte et de la Syrie, qui avaient avancé facilement pendant deux jours. Une défaite historique pour les agences de renseignement d'Israël. Les attaques du Hamas en Israël ont eu un impact durable sur le Mossad, le Shin Bet et Aman, qui ont dû prendre leur responsabilité et en tirer des enseignements.

De la même manière que l'Iran, le Hamas veut vaincre son ennemi principal, Israël. Sa charte de 1988 préconise l'établissement d'un État islamique en Palestine en remplacement d'Israël et des territoires palestiniens occupés. Depuis 2021, le Hamas est resté discret et a évité tout acte provocateur envers Israël afin d'éveiller aucun soupçon de la part de l'État hébreu sur le modus operandi de la grande opération qui se préparait. De manière confidentielle, l'organisation planifiait ce qu'elle appelait « *le grand projet* », l'attaque la plus destructrice jamais réalisée contre Israël. En réponse à l'attaque meurtrière du Hamas, Israël a déclenché le 8 octobre 2023 l'opération « Sabre de fer » sur la bande de Gaza.

Le Mossad et le Shin Bet ont ainsi reçu la mission de neutraliser un par un les responsables des agressions, peu importe leur localisation.

Grâce à ses services de renseignement, Israël a affiné au fil des décennies l'art de l'élimination extrajudiciaire. En effet, l'État hébreu est le seul à pouvoir agir ainsi et estime avoir des raisons justifiées pour le faire. De plus, depuis sa fondation en 1948, il a su instaurer une véritable culture de « l'assassinat ciblé ». La saga du Mossad, les services secrets israéliens, est une histoire riche en intrigues, en stratégies et en réussites. Du commencement modeste à la renommée mondiale, le Mossad est essentiel pour la sécurité nationale d'Israël.

Le petit pays d'Israël, confronté aux tentatives de destruction de la part des nations arabes et à une menace constante liée au terrorisme, a mis en place un système militaire hautement performant ainsi que des agences de renseignement parmi les plus compétentes au monde. En conséquence, cela a permis à l'État hébreu de développer la machine à assassinats la plus efficace et organisée de l'histoire. Dès la fin du mandat britannique en Palestine, Israël a lancé l'opération Zarzir, une vaste opération visant à éliminer une vingtaine de leaders politiques et militaires situés à Jérusalem et Jaffa.

David Ben Gourion a fondé la communauté du renseignement israélien en juin 1948, seulement trois semaines après la création d'Israël et en plein conflit. Il avait foi en la victoire des Juifs, alors que beaucoup, y compris la CIA, pensaient que c'était improbable et que les Arabes allaient triompher. *"Pour notre État qui depuis sa création ne cesse d'être assiégé par ses ennemis, le renseignement constitue la première ligne de défense [...] nous devons apprendre à analyser ce qui se passe autour de nous"*, déclarait le fondateur de l'État d'Israël.

Cependant, David Ben Gourion savait pertinemment, et il en a pris conscience après la guerre, qu'il lui faudrait une solide communauté de renseignements pour assurer le bon fonctionnement du pays, permettre aux réservistes de rentrer chez eux et reconstruire le système militaire en prévision du prochain conflit. Les assassinats ciblés font donc partie d'une stratégie israélienne plus large d'opérations secrètes visant à prolonger l'intervalle entre deux guerres.

À plusieurs reprises, cette machine s'est matérialisée par des éliminations ciblées de redoutables adversaires d'Israël, des opérations qualifiées de sauvegarde de l'État juif face à des crises majeures.

Chapitre 1 : Le trio, Mossad, Shin Bet et Aman

Quatre institutions clés constituent le système de renseignement national d'Israël. Ha-Mossad, l'Institut du renseignement et des opérations spéciales en hébreu, a pour mission de collecter des informations à l'étranger. Célèbre dans le monde entier pour son audace stratégique, le service de renseignement israélien est très réputé. Depuis 1949, « l'Institut pour les renseignements et les affaires spéciales » s'est distingué et est maintenant reconnu comme l'une des agences de renseignement les plus performantes et redoutées du monde.

L'institut pour le renseignement et les opérations spéciales est un élément essentiel de l'État d'Israël. Sa devise le rappelle: "*Le gardien d'Israël ne dort jamais*". Ce service est l'un des principaux soutiens de la sécurité d'Israël, en collaboration avec Tsahal, l'armée israélienne.

Le Mossad a été fondé en héritant de divers groupes de défense (milices juives) et de renseignement formés pendant le mandat britannique en Palestine (1917-1947). La Haganah, connue sous le nom de « Défense », était l'organisation la plus importante. Son service de renseignement, le Shay, établi en 1940, cherchait à infiltrer les forces britanniques et arabes. Pendant et après la guerre, la Haganah a garanti l'immigration des Juifs d'Europe vers Israël. Après qu'Israël a obtenu son indépendance le 14 mai 1948, le Shay a été démantelé et ses membres ont été assignés au renseignement militaire, chargés principalement de surveiller et d'analyser la menace militaire des pays voisins.

Le Mossad, tel que nous le connaissons, a été créé le 13 décembre 1949 par Reuven Shiloah, un ancien dirigeant du Shay et conseiller du Premier ministre Ben Gourion, et placé sous le contrôle du ministère des

Affaires étrangères. Reuven Shiloah souhaitait une organisation qui pourrait gérer les structures déjà en place et améliorer la collecte d'informations. Il fut nommé premier directeur général du Mossad. En 1951, Ben Gourion et Reuven Shiloah ont choisi de placer l'agence sous l'autorité du Premier ministre, et elle a été renommée Mossad en 1963.

Le Mossad ne compte pas plus de 6 000 membres, mais ses ressources sont considérables comparées à son effectif.

En plus de son budget officiel, le Mossad a réussi à créer des fonds secrets pour financer ses opérations les plus confidentielles. Le « bureau » « hamisrad en hébreu). Les agents du Mossad appellent leur employeur par ce simple terme. Le Mossad est basé à Tel-Aviv et comprend huit départements. Mais la structure interne de l'agence est hermétique. La Division des Opérations Spéciales (Metsada en hébreu) est chargée des missions d'élimination de cibles sensibles, de sabotage, de guerre psychologique et d'opérations paramilitaires.

L'identité du chef du service était censée rester secrète, mais en mars 1996 l'anonymat de cette fonction devient public. La division opérationnelle Césarée (service-action des "Kidonim") est responsable des missions du Mossad. La partie principale de l'institution est l'unité Césarée. L'unité exécute les missions les plus sensibles qui exigent l'utilisation de la force. Elle est formée par des vétérans des forces spéciales faisant partie de Kidon (« baïonnette » en hébreu), l'unité secrète responsable des assassinats au sein du Mossad.

Le Shin Bet, également appelé Sherut Bitachon Klali en hébreu, aussi appelé le *Shabak*, est responsable du renseignement intérieur en Israël. Les buts du Shin Bet incluent la collecte des renseignements sur la sécurité intérieure, la protection des infrastructures critiques, le contre-espionnage et la lutte contre le terrorisme. Il est également chargé de la sécurité des membres du gouvernement.

En raison des menaces et des nombreux attentats qui ont marqué l'histoire d'Israël, il possède des pouvoirs importants. La branche des affaires islamistes gère les opérations de lutte contre le terrorisme et la mise à jour d'une base de données sur les terroristes islamistes. Alors que le Mossad opère sans se soumettre à des lois en raison de son activité à l'étranger, le Shin Bet est soumis à des règles strictes et est sous surveillance. Il doit donc rendre compte régulièrement de ses activités devant la Knesset, le Parlement israélien.

Aman, une sous-unité de Tsahal, est responsable de la collecte des renseignements militaires. Aman est l'unité de renseignement de l'armée israélienne qui collabore avec le Mossad pour collecter des informations en dehors d'Israël. Sa fonction est d'avertir les leaders politiques et les forces de sécurité sur le risque de guerre, évaluer les ressources de l'adversaire, et repérer des objectifs éventuels en cas de conflit armé. Le renseignement militaire israélien a été créé en 1948 suite à l'établissement de l'État d'Israël. L'unité fut d'abord nommée Sherout Hamodiʻin avant d'être rebaptisée "Aman" en 1953.

Israël possède l'une des armées les plus fortes du Proche-Orient, bénéficiant de l'aide financière des États-Unis et de leurs alliés occidentaux. D'après le Wall Street Journal, Tsahal (abréviation de Tsava HaHagana Le Yisrael - Les forces de défense d'Israël) comprend 170 000 soldats en service actif et 465 000 réservistes. Sayeret Matkal est l'unité d'élite de l'armée israélienne sous l'autorité de l'état-major. Pendant longtemps, l'unité 8200 (prononcée 8-200) était l'un des secrets les plus sécurisés de Tsahal.

Cette division de renseignement de l'armée israélienne, établie en 1952, se concentre sur la cyber-guerre et la collecte des renseignements. Son rôle est similaire à celui de la NSA aux États-Unis. Il y aurait entre 5000 et 7500 membres dans l'unité.

L'unité 8200 est la principale unité de renseignement de la Direction du renseignement militaire. Les membres de l'unité doivent créer et utiliser des outils pour recueillir des informations, les analyser, les traiter et les partager avec les responsables autorisés. Le groupe travaille dans toutes les régions, et pendant les conflits, il se rend au quartier général de combat sur le terrain pour faciliter la transmission des informations comme l'indique le site de l'armée israélienne.

De son côté, le Conseil national de sécurité (CNS), créé en 1999, est chargé de coordonner les données collectées par ces différentes agences. Toutes ces institutions opèrent directement sous la direction du Premier ministre israélien. Les services de renseignement israéliens et leurs responsables politiques se sont effectivement appuyés sur ces assassinats ciblés de puissants ennemis d'Israël ainsi que sur l'effet dissuasif qu'elles engendrent pour prévenir des guerres et réduire les chances de conflits significatifs.

Chapitre 2 : Le retour du Mossad dans l'action

Le 2 janvier 2024 à 17h41, Saleh al-Arouri a succombé à une attaque de drone à Beyrouth. Le deuxième responsable en charge du bureau politique du Hamas ainsi que plusieurs membres importants ont été tués sur le coup. Ils ont subi une méthode stratégique controversée connue sous le nom d'assassinat ciblé, mais appelée par les autorités israéliennes « prévention ciblée ».

Comme quatre ans auparavant, presque jour pour jour, cette même approche avait également coûté la vie au général iranien, commandant en chef de la Force Al Qods, Qassem Soleimani, abattu par l'armée américaine avec un drone. Fondée au début des années 1990, la Force Al-Qods, dont le nom signifie « Jérusalem » en farsi (langue parlée en Iran, en Afghanistan) et en arabe, est le bras paramilitaire d'élite du Corps des gardiens de la révolution islamique (IRGC), promettant de « libérer » la ville.

Les États-Unis considèrent cette organisation comme étant terroriste. On estime que le groupe compte entre 5 000 et 10 000 membres, mais son influence s'étend bien au-delà de l'Iran, notamment dans les pays voisins où elle entraîne d'autres forces de combat. Elle aurait la possibilité d'avoir un impact important dans le vaste conflit entre l'Iran et Israël. Focalisée sur la guerre asymétrique, l'intelligence du renseignement pour un conflit non conventionnel et les missions à l'étranger, la Force Al-Qods a une position stratégique en Iran. Le Hamas et le Hezbollah bénéficient du soutien de l'unité d'élite du Corps des Gardiens de la révolution islamique.

Depuis les années 1980, Al-Arouri était un Palestinien actif dans la lutte islamique contre Israël. Il avait passé plus de dix-huit ans en prison en Israël pour son engagement politique et était devenu un chef au sein du Hamas. Il avait eu un rôle décisif dans les négociations marquantes de 2010 où Israël avait accepté de libérer mille prisonniers palestiniens contre un soldat israélien capturé.

Al-Arouri, libéré, mais forcé de vivre à l'étranger, avait habité dans divers pays avant d'être tué à Beyrouth, où il jouait un rôle d'intermédiaire entre le Hamas et le Hezbollah. Il aurait également été impliqué dans la planification des attaques menées par le Hamas le 7 octobre.

Le Hezbollah libanais, une organisation politique et militaire financée et armée par l'Iran, représente l'une des principales menaces pour Israël. Mise en place, équipée et soutenue par l'Iran, cette organisation politique et militaire a participé à une guerre sanglante contre Israël en 2006, éprouvant le Liban, mais tout en renforçant sa force.

Suite à l'agression du Hamas en Israël le 7 octobre et au déclenchement de la guerre à Gaza, le Hezbollah a réactivé le front nord d'Israël en signe de solidarité avec son allié palestinien. Le Hezbollah a été fondé en 1982 par les Gardiens de la révolution, la force armée idéologique de l'Iran après l'entrée des troupes israéliennes au Liban. Il devient le principal acteur de la résistance contre Israël, qui quitte progressivement le Liban et finit par évacuer le sud du pays en 2000 après 22 ans d'occupation. La majorité des chiites résident dans les régions nord et ouest de la Plaine de la Bekaa, ainsi qu'au Liban du sud et à Beyrouth.

Al-Arouri est donc devenu une cible principale pour les services secrets israéliens. Considéré comme terroriste par le gouvernement américain depuis 2015, ce dernier offrait même cinq millions de dollars pour toute information menant à sa capture. Al-Arouri vivait donc constamment sous pression pendant plusieurs années.

Sa mort s'inscrit dans une stratégie israélienne spécifique visant à affaiblir le Hamas en attaquant ses dirigeants. Effectivement, Israël estime que la lutte contre l'organisation armée palestinienne doit passer par l'élimination des éléments importants qui composent l'organisation. Bien qu'Al-Arouri fût un haut dirigeant du Hamas, beaucoup des attentats visent également des cadres moins importants. L'objectif est d'empêcher cette organisation militante de préparer son avenir et former ses futurs leaders afin de les neutraliser avant qu'ils n'émergent pleinement dans leurs fonctions. Cette politique s'est renforcée durant la deuxième Intifada entre 2000 et 2005 puis s'est considérablement amplifiée durant les années 2010.

Le 8 janvier 2024, un commandant d'élite, Wissam al-Tawil alias « Jawad », appartenant aux forces Al-Radwan (Force d'al-Hajj Radwan), unité spécialisée dans les opérations militaires au sein du Hezbollah libanais a été tué lorsque son véhicule a été frappé par un drone israélien dans le sud du Liban près de Kherbet Selm.

Le Mossad fait son retour. Cela s'expose clairement avec les opérations audacieuses réalisées le 30 juillet 2024, d'abord à Beyrouth avec l'élimination du numéro deux du Hezbollah, Fouad Chokr, en soirée, suivie de celle d'Ismaïl Haniyeh, leader du bureau politique du Hamas, à Téhéran durant la nuit. En quelques heures, deux figures majeures des groupes terroristes les plus influents de la région ont été éliminées. La précision de l'opération démontre l'efficacité des services de renseignement sur le territoire ennemi : une attaque aérienne a visé Chokr chez sa maîtresse dans le quartier de Dahieh, une forteresse du Hezbollah au sud de Beyrouth.

Le responsable militaire du Hezbollah Fouad Chokr, également connu sous le nom d'Al-Hajj Mohsen ou Mohsen Chokr, vivait dans l'ombre au point que peu de personnes connaissaient son apparence. Tout cela jusqu'à sa mort lors d'une attaque aérienne.

Il était soupçonné d'être impliqué dans les attentats qui avaient causé la mort de 241 soldats américains et 58 soldats français à Beyrouth en 1983 et avait échappé à la justice pendant près de quarante ans. Fin juillet 2024, c'est une opération israélienne qui a réussi à le retrouver au septième étage d'un immeuble résidentiel dans la capitale libanaise.

Une nouvelle attaque, supposément orchestrée par Israël, a ciblé aussi la demeure de Haniyeh dans un complexe sécurisé par les Gardiens de la révolution, où il se trouvait après avoir assisté à la cérémonie d'investiture du président réformateur iranien Masoud Pezeshkian. D'après certaines informations, sa mort pourrait être liée à une bombe dissimulée sous son lit depuis deux mois, ce qui inquiète particulièrement les Mollahs à la recherche de complices éventuels sur leur sol.

« *Tout membre du Hamas est un homme mort* », avait déclaré le Premier ministre

israélien Benyamin Netanyahou, cinq jours
après le pogrom du 7 octobre 2023.

Ismaïl Haniyeh n'était pas un « *membre du
Hamas* » comme les autres. En tant que chef
politique du groupe terroriste palestinien, il
a été éliminé lors d'une frappe dans le centre
de Téhéran, en Iran, plus de huit mois après
les événements tragiques du 7 octobre. Bien
qu'Israël n'ait pas revendiqué l'attaque.
Toutes les attentions se sont immédiatement
tournées vers l'État hébreu. Quoi qu'il en
soit, ces actions punitives témoignent des
succès audacieux du renseignement israélien
qui lui permet de reprendre confiance après
le désastre survenu le 7 octobre.

Le 17 septembre 2024, aux alentours de
15h30, plusieurs bipeurs ont détoné en
même temps au Liban. Le pays est sous le
choc. Cette attaque d'une grande complexité
a été attribuée à Israël, les cibles étant des
membres du Hezbollah, groupe chiite proche
de l'Iran qui vise la destruction d'Israël.
L'explosion de milliers de bipeurs utilisés
par le Hezbollah a causé près de 12 décès et

3 000 blessés. Alors que des funérailles étaient en cours pour rendre hommage aux victimes, de nouvelles explosions se sont produites. Cette fois-ci, il était question d'explosions de talkies-walkies. D'après le ministère de la Santé, on déplore 9 morts et plus de 300 blessés.

Selon le Washington Post, l'opération a été initiée il y a déjà plusieurs années. En 2015, des talkies-walkies employés par le Hezbollah ont été piégés par le Mossad. Ces dispositifs espionnés permettaient à Israël d'accéder entièrement aux communications du Hezbollah. Pendant neuf ans, les Israéliens ont écouté les conversations en prévoyant de transformer les talkies-walkies en bombes en cas d'urgence. En 2022, le Mossad commence à élaborer un nouveau plan pour attaquer le groupe islamiste libanais. En 2023, le Hezbollah est approché par une responsable marketing en qui il a confiance. Elle lui suggère d'acheter des bipeurs AR924 de la marque taïwanaise Apollo, une entreprise renommée dont les produits sont vendus mondialement et qui n'est pas liée à Israël.

Personne ne se doutait que ces bipeurs avaient été assemblés en Israël, sous la direction du Mossad, le bloc piles dissimulant une petite quantité d'un explosif puissant. Les éléments de la bombe ont été cachés avec précaution pour être presque impossibles à repérer, même après le démontage de l'appareil.

Un seul signal électronique du Mossad a activé les bipeurs, mais pour maximiser les dégâts, les Israéliens ont développé une procédure nécessitant d'appuyer sur deux boutons avec les deux mains pour lire le message envoyé. Les utilisateurs visés ne pourraient plus ainsi se battre, car ils ont été blessés aux deux mains. Une feuille carrée mince avec six grammes d'explosif PETN (étranitrate de pentaérythritol) a été insérée entre deux batteries rectangulaires. Sans aucun élément métallique, le matériau utilisé pour provoquer la détonation possédait un avantage non négligeable : il était

indétectable par les rayons X, tout comme
les explosifs plastiques.

Après avoir reçu les bipeurs en février, le
Hezbollah a examiné la présence d'explosifs
en les scannant avec les appareils de sécurité
de l'aéroport pour vérifier s'ils déclenchaient
des alarmes, selon deux sources proches du
dossier. Aucune activité suspecte n'a été
rapportée à l'époque.

De son côté, Ibrahim Aqil a perdu la vie lors
d'une attaque israélienne à Haret Hreik, situé
dans la banlieue sud de Beyrouth, le
vendredi 20 septembre 2024. Il dirigeait Al-
Radwan, la force d'élite du Hezbollah.

Washington était à sa recherche en raison de
son rôle dans les attentats meurtriers anti-
américains de Beyrouth en 1983. Comme la
plupart des dirigeants du puissant groupe
libanais, l'homme se servait de différents
alias, dont Hajj Abdel Qader, et son identité
était inconnue du grand public. La mort de
ce haut responsable militaire a été un affront

pour le groupe pro-iranien.

D'après des informateurs affiliés au Hezbollah, Ibrahim Aqil occupait le poste de deuxième commandant militaire au sein de cette organisation influente. Fouad Chokr, le principal officier militaire, avait été tué lors d'une frappe similaire dans la banlieue sud de Beyrouth, fief du Hezbollah, le 30 juillet. La puissance d'Al-Radwan est vue comme l'élément principal du Hezbollah dans sa lutte contre Israël. Ce groupe d'élite rassemble des combattants chevronnés, dont plusieurs ont combattu en Syrie ou dans d'autres pays voisins.

Depuis le commencement des affrontements dans le sud du Liban, ils ont été les premiers à être touchés. Leurs combattants sont formés pour mener des attaques, y compris des infiltrations à la frontière. L'armée israélienne affirme que la force Al-Radwan avait prévu d'attaquer la Galilée (nord) en cas de conflit de grande envergure. En plus de Chokr et Aqil, deux chefs militaires du Hezbollah, Mohammed Nasser et Taleb

Abdallah, ont été aussi tués. Ces derniers dirigeaient des secteurs du front dans le sud du Liban.

Une méthode d'assassinat ciblé fréquemment employée par l'État israélien

Cette approche est influencée par les séquelles de l'Holocauste et la conviction que, en cas de danger vital, Israël doit se fier uniquement à lui-même. Les opérations sont effectuées par les services de renseignement Shin Beth en Palestine et par le Mossad à l'étranger. Différentes méthodes dignes d'un film d'espionnage ont été employées : poison, colis ou voiture piégés, assassin isolé, missiles et talkie-walkie piégé.

Hassan Nasrallah, le leader du Hezbollah, a également été abattu le vendredi 27 septembre 2024 lors d'une attaque israélienne dans la banlieue sud de Beyrouth. L'attaque ciblant Dahieh, dans la banlieue sud de Beyrouth, était d'une importance capitale, avec des milliers de tonnes de bombes déversées. Tsahal n'a pas ainsi donné de répit à Hassan Nasrallah, dirigeant du Hezbollah, perçu comme un des plus grands adversaires de l'État d'Israël. Il était répertorié comme un des « *archis terroristes* » à éliminer par Israël. Un « *archi-terroriste* » pour Israël, un « martyr » pour l'Iran. Selon l'armée israélienne, leur but a été atteint le vendredi 27 septembre. Moins de 85 bombes d'une tonne ont été larguées par des avions F-16 israéliens sur le quartier général de la milice chiite à Beyrouth.

Israël avait en réalité une dette envers Hassan Nasrallah, qui avait pris la tête du Hezbollah en 1992 après qu'Abbas Moussaoui, son prédécesseur, ait été éliminé par l'État hébreu. Ensuite, Hassan Nasrallah a consolidé la puissance politique et militaire du groupe chiite, lui permettant de quasiment gouverner le Liban en tant qu'entité parallèle. Hassan Nasrallah avait ordonné à la branche militaire de son organisation de tirer des milliers de roquettes, de drones et de missiles sur le territoire israélien en solidarité avec le

Hamas qui commet des attaques dans le sud d'Israël depuis le début de la guerre le 7 octobre dans la bande de Gaza.

Précédemment, Hassan Nasrallah avait déjà fait face à une situation critique lors de la deuxième guerre du Liban en 2006, suite à l'enlèvement de deux soldats israéliens par son groupe. Autrefois, l'armée israélienne avait essayé sans succès de le tuer à plusieurs reprises. Depuis ce moment-là, Hassan Nasrallah évitait presque toujours les sorties publiques par peur d'attentat et se cachait dans des abris souterrains.

L'Iran fournit des armes et finance le Hezbollah. D'après les analystes militaires israéliens, Téhéran envisageait d'utiliser le Hezbollah pour attaquer Israël et diviser ses forces, en cas de bombardements sur les sites nucléaires iraniens.

Hassan Nasrallah, le dirigeant du Hezbollah, a été assassiné par un missile israélien dans la banlieue sud de Beyrouth le 27 septembre, en même temps qu'un général iranien. Le commandant des Gardiens de la révolution, Abbas Nilforoushan, a aussi trouvé la mort le 27 septembre en même temps que le leader du Hezbollah libanais Hassan Nasrallah. L'organisation soutenue par l'Iran a révélé le mardi 29 octobre qu'elle avait choisi le numéro 2 du Hezbollah, Naïm Qassem, pour remplacer Hassan Nasrallah. Le conseil de la Choura du Hezbollah a décidé d'élire cheikh Naïm Qassem comme secrétaire général du Hezbollah. Naïm Qassem, âgé de 71 ans, était l'un des membres fondateurs du Hezbollah en 1982. En 1991, il avait été nommé vice-secrétaire général du mouvement, un an après la signature des accords visant à assurer la paix entre Libanais après la guerre civile (1975-1990).

Dans la soirée du mardi 1er octobre 2024, environ 200 missiles ont été lancés par l'Iran en direction d'Israël, en représailles à l'élimination des dirigeants du Hamas et du Hezbollah par Israël. Le « Dôme de fer », système de défense israélien, a été mis en opération. De nombreux missiles ont été interceptés. C'est la seconde attaque de l'Iran envers Israël. En riposte à l'attaque israélienne contre le consulat iranien à Damas, l'Iran avait déjà lancé 300 missiles et drones sur Israël le 13 avril 2024, la plupart ayant été là aussi interceptés. La République islamique lançait l'opération « Promesse honnête ».

L'attaque sur le consulat de l'Iran à Damas, le lundi 1er avril 2024 a provoqué la mort d'au moins sept personnes, y compris un haut gradé du régime, un militaire de 63 ans, Mohamed Reza Zahaedi, avec une longue carrière au sein des Gardiens de la révolution, la force armée influente de l'Iran et la plus grande de ses forces militaires. Il occupait un poste de haut rang dans la Force Al-Qods, une branche d'élite des Gardiens de la révolution chargée des relations avec les gouvernements et les groupes partenaires de l'Iran.

Fondé par l'ayatollah Khomeini en 1979, le Corps des Gardiens de la révolution islamique a élargi ses tâches et renforcé son influence dans divers domaines en Iran, tels que la société, l'économie et la politique intérieure et extérieure. En janvier 1979, suite à plus de deux ans de protestations populaires contre son gouvernement, le Shah d'Iran Mohammed Reza Pahlavi est obligé de quitter son poste.

Le 1er février, le chef religieux des chiites iraniens, l'ayatollah Khomeini, revient en Iran après 14 ans d'exil. En tant que l'un des organisateurs de la révolution, il est salué par des millions de ses concitoyens. Il réussit vite à paralyser l'influence des forces fidèles au Shah, et établit une République islamique à travers le vote d'un référendum le 1er avril 1979.

Peu de temps après l'avènement du nouveau régime, Khomeini a créé le Sepah-e Pasdaran-e Enghelab-e Islami (textuellement le Corps des Gardiens de la révolution Islamique) par décret le 5 mai 1979. Appelés les Pasdaran, ils ont pour rôle de mener diverses missions officielles telles que lutter contre les contre-révolutionnaires, contrer l'influence des puissances étrangères en Iran, collaborer avec l'armée nationale et favoriser l'implantation de la République islamique.

En vertu de l'article 3 de la Constitution de la République islamique, les forces armées du nouveau régime sont divisées en deux entités : l'Artesh (l'armée traditionnelle) et les Pasdaran (les Gardiens de la révolution). Les Pasdaran, sélectionnés parmi les partisans les plus loyaux de la République islamique, ont pour mission de défendre les réalisations de la révolution, tandis que l'Artesh, en tant qu'armée nationale, est pour sa part responsable de la protection de l'intégrité territoriale du pays.

Puis une nouvelle épreuve difficile pour le groupe pro-iranien au Liban survient. Le mardi 22 octobre 2024 en soirée, l'armée israélienne a confirmé avoir tué Hachem Safieddine (cousin de Hassan Nasrallah), successeur potentiel d'Hassan Nasrallah à la tête du Hezbollah. Au Liban, le Hezbollah avait déclaré qu'il n'avait plus de nouvelles

de Hachem Safieddine après les attaques
israéliennes près de Beyrouth le 4 octobre.
Hachem Safieddine, un homme d'environ
soixante ans, arborant une barbe grise, des
lunettes et un turban noir caractéristiques
des « sayyed » - les descendants de
Mahomet - avait une ressemblance frappante
avec son cousin Hassan Nasrallah, décédé
lors d'une frappe israélienne près de
Beyrouth le 27 septembre. D'après un
informateur proche du Hezbollah, il était
considéré comme le candidat le plus
probable pour prendre la place du leader du
mouvement chiite soutenu par l'Iran avant la
prise de fonction de Naïm Qassem à la tête
du mouvement chiite à la fin d'octobre
2024.

Un des responsables de l'attaque sanglante
du 7 octobre 2023 sur l'État hébreu, Yahya
Sinwar, âgé de 62 ans, a continué de se
dérober à la traque des Israéliens jusqu'au
mercredi 16 octobre 2024. Le chef du
Hamas dans la bande de Gaza avait lui aussi
disparu des écrans radars depuis
l'opération « Déluge d'al-Aqsa », la plus

ambitieuse jamais lancée par le Hamas depuis que l'organisation islamiste a pris le contrôle de Gaza en juin 2007. Yahya Sinwar, qui a été identifié comme le cerveau derrière l'attaque meurtrière du 7 octobre 2023, a été nommé chef du Hamas suite au décès à Téhéran, en juillet, de son prédécesseur, Ismaïl Haniyeh, tué lors d'une frappe imputée à Israël.

Yahya Sinwar n'avait plus été vu depuis plus d'un an. Capturé en 1989 par le Shin Bet, organisme de renseignement intérieur opérant en Israël et dans les territoires occupés, il avait passé plus de vingt ans en captivité en Israël avant d'être libéré en 2011 dans le cadre d'un échange de détenus contre le caporal de l'armée israélienne, Gilad Shalit, capturé par un commando de Palestiniens à Kerem Shalom. Ensuite, il a rapidement progressé dans la hiérarchie de l'organisation palestinienne, devenant un leader important représentant une position inflexible du mouvement face à Israël.

Le chef du Hamas, Yahya Sinwar, a été
éliminé à Rafah, dans le sud de la bande de
Gaza dans le quartier Tel Sultan. Yahya
Sinwar était reconnu comme l'un des
principaux responsables des attaques
terroristes du 7 octobre. Et en tant que tel, il
était considéré comme le principal ennemi
de l'État d'Israël.

Maintenant, les recherches actives de Tsahal
se concentrent sur le frère de Yahya Sinwar,
Mohammed, et sur tous les autres chefs
militaires du Hamas encore en vie. Le
général Herzi Halevi, chef de l'armée
israélienne, a déclaré que la guerre se
poursuivrait jusqu'à ce que tous les
responsables du 7 octobre soient capturés et
que tous les otages retenus à Gaza soient
libérés.

Contrairement à d'autres assassinats ciblés,
la mort de Sinwar a été le résultat d'une
rencontre inattendue. Les militaires de
l'Ecole des commandants d'infanterie et
d'entraînement au combat (Bislach) ont
repéré et éliminé trois terroristes lors d'une

opération antiterroriste dans un bâtiment
piégé, sans réaliser au début que l'un d'eux
était Sinwar.

Son décès pourrait représenter un coup
significatif infligé à l'organisation armée
palestinienne. Cependant, le Premier
ministre israélien Benjamin Netanyahu a
averti que la « guerre » n'était toujours « pas
encore terminée ».

Sinwar, le chef de l'aile politique du Hamas
à Gaza, parfois nommé Abu Ibrahim était un
barbu aux cheveux blancs taillés à la serpe,
aux sourcils obscurs et buissonneux et aux
traits prononcés. L'homme est parmi de ceux
qui ont fondé le Hamas. Il a vu le jour en
1962 dans le camp de réfugiés de Khan
Younès, localisé dans la partie orientale de
la bande de Gaza. Sa famille est issue de la
région de la ville littorale méditerranéenne
d'Ashkelon, aujourd'hui en territoire
israélien.

Le Hamas s'est constitué lors du déclenchement de la première Intifada en 1987 pour combattre l'occupation de l'État hébreu. Sinwar a également contribué à la naissance en 1991 de la branche militaire du Hamas, les brigades Al-Qassam. Après l'entame du processus de paix entre Israël et l'Organisation de libération de la Palestine (OLP), le Hamas a commis pendant des années des attentats en Israël pour contrecarrer dans le sang ce processus.

Dans les premiers temps du Hamas, Sinwar a été le cerveau de la lutte contre les espions palestiniens collaborateurs à la solde de l'état d'Israël. Il a officié de manière si violente qu'il a eu le surnom de « boucher de Khan Younès ».

De son côté Mohammed Sinwar, le frère cadet du dirigeant du Hamas, aurait été tué en 2014, mais il se cacherait secrètement sous terre depuis dix ans. Il aurait participé lui aussi à la planification de l'attaque contre Israël le 7 octobre 2023. Selon les renseignements de l'État hébreu,

Mohammed Sinwar, frère de Yahya Sinwar, aurait joué un rôle dans la planification des attaques contre Israël. La dernière fois que Mohammed Sinwar a été identifié comme vivant, c'était au travers d'une photo publiée par le Hamas en 2014, le montrant mort dans un lit couvert de sang. Selon un ancien chef du contre-terrorisme israélien interrogé par le journal britannique d'informations Telegraph, il est probablement impliqué dans la planification de l'attaque du 7 octobre.

Chapitre 3 : Stratégie des assassinats ciblés

Le meurtre sélectif comporte des avantages stratégiques évidents. Il n'est pas nécessaire de déployer des soldats sur le terrain ou de mobiliser d'importants moyens, cette action voulue comme « chirurgicale » cherche à maximiser l'équilibre entre les dommages infligés et l'intérêt stratégique de l'élimination. Israël a utilisé diverses approches telles que le tir ciblé, les drones et les agents infiltrés.

Les grandes puissances occidentales ont critiqué ces méthodes, mais ont finalement commencé à les utiliser après les attaques du 11 septembre 2001pour les États-Unis et dans leurs opérations militaires contre le djihadisme pour la France et le Royaume-Uni. En quelque sorte, la nouvelle doctrine militaire et sécuritaire largement utilisée est la politique des assassinats ciblés instaurée par Israël. L'évolution des drones contribue à rendre cette tendance plus facile et plus importante pour des raisons pratiques évidentes.

Légalement, Israël tire avantage d'une certaine ambiguïté. Effectivement, selon Ariel Colonomos, expert en Sciences politiques à Sciences Po Paris, « *l'assassinat ciblé organisé par un gouvernement sur son propre territoire est comparable à une application de peine de mort sans procès (celle-ci n'est d'ailleurs appliquée qu'en cas d'activité terroriste en Israël)* ». Néanmoins, de nombreux meurtres ciblés ont lieu en dehors d'Israël : comme celui d'Al-Arouri qui a provoqué la colère du gouvernement libanais. En ce qui concerne les exécutions planifiées en Israël, le gouvernement israélien peut toujours se défendre en expliquant que certaines régions de son territoire ne sont pas entièrement sous son contrôle et sont en conflit armé.

Les règles de la guerre prennent la place du droit habituel, car le gouvernement le juge inadapté pour régir ces questions. En réalité, les assassinats ciblés israéliens sont planifiés par un petit groupe autour du Premier ministre. Ce groupe comprend des généraux, des juristes mais également des philosophes qui certainement apportent une perspective morale et civique à ces questions de stratégie.

Pendant longtemps, la Cour suprême israélienne a hésité à aborder cette question. Le meurtre ciblé ne respecte pas les lois internationales. Cependant, les autorités israéliennes reconnaissent la valeur de ces actions et ont opté pour les doter d'un statut qui n'est ni légal ni illégal, mais qui doit être évalué individuellement pour chaque projet. Il est donc essentiel de se concentrer sur les possibles dégâts collatéraux et sur la reconnaissance précise de la cible, ce qui rend indispensable une surveillance du renseignement très détaillée.

L'élimination du 2 janvier 2024, celle de Saleh al-Arouri, illustre parfaitement cette situation. Il a été nécessaire de localiser la cible et la reconnaître tout en évitant les dommages accidentels lors de la frappe aérienne.

Quelle est la pertinence d'une telle stratégie de sécurité ? Elle fait clairement l'objet de discussions entre ceux qui cherchent à la légitimer et ceux qui doutent de son efficacité. Les partisans de l'assassinat ciblé sont d'avis que cette politique a donné des résultats. En effet, son utilisation de plus en plus fréquente est associée à une baisse importante des attaques-suicides perpétrées par les Palestiniens en Israël. Cependant, d'autres soutiennent que cette baisse est due à la construction, à partir de 2002, de la barrière de sécurité qui divise les territoires israéliens des territoires palestiniens sur plus de 700 kilomètres. Cela a rendu le passage des Palestiniens d'un côté à l'autre du mur plus difficile, ce qui complique la planification d'attaques terroristes. L'opération « Déluge d'al-Aqsa » menée par le Hamas le 7 octobre 2023 pourrait peut-être prouver le contraire.

En général, la justification de ces pratiques repose principalement sur la référence à la « guerre contre le terrorisme ». En décrivant sa lutte contre le Hamas de cette manière, Israël fait de cette bataille un objectif qui ne doit rencontrer aucune entrave et encourage la légitimation de toutes les méthodes envisageables, y compris les plus disputées. Alors que d'autres pays pratiquent également l'assassinat ciblé, Israël se distingue par la fréquence de cette méthode. L'absence de données, fortement sécurisées par le gouvernement israélien, rend impossible une estimation précise du nombre de personnes tuées de cette manière. L'origine de cette pratique consistant à supprimer les éléments considérés comme menaçants provient clairement de l'histoire de l'État d'Israël.

En plus de l'extermination des Juifs en Europe pendant la Seconde Guerre mondiale, les attaques contre les populations juives en Palestine ont débuté après le vote de l'Assemblée générale des Nations unies en faveur de la partition de la Palestine le 29 novembre 1947. Bien que l'accord ne soit prévu d'être en application que dans les six mois, des civils juifs sont déjà visés par des groupes armés palestiniens. Les deux groupes sont plongés dans une période de conflit important. Le niveau d'équipement militaire en ces temps là était basique. Confronté à de multiples lacunes, le commandement de la Haganah dirigé par David Ben Gourion, fondateur de l'État d'Israël, décide de supprimer des cibles d'une importance stratégique pour les Juifs. Yaakov Dori, chef de la Haganah, a décidé que ces opérations spécifiques devaient impliquer la capture ou la neutralisation des dirigeants politiques arabes. La Haganah avait une division de renseignement qui mettait en place rapidement des capacités humaines et électroniques pour surveiller des objectifs.

Le conflit israélo-arabe de 1948 oppose les Israéliens et les Palestiniens, avec le soutien des pays arabes voisins. Les attaques arabes contre Israël persistent et la nécessité de se protéger est plus cruciale que jamais. La fusion de divers services de renseignement de la Haganah forme une organisation à trois branches comprenant l'Aman, le Shin Bet et le Mossad. L'importance de ces institutions est d'emblée d'actualité en raison de la menace sécuritaire. Le contrôle des agences de renseignement est sous la responsabilité du Premier ministre et du ministre de la Défense. Les débuts du renseignement israélien sont donc caractérisés par le secret et l'absence de responsabilité légale, justifiés par la priorité donnée avant tout à la protection de la sécurité nationale du pays.

Ben Gourion avait le pouvoir de donner des ordres pour exécuter les ennemis d'Israël. De plus, la charte du Mossad, écrite par Isser

Harel, directeur de 1952 à 1963, impose aux services la mission de garantir la sécurité des Juifs en dehors d'Israël. Les professionnels du renseignement israélien sont convaincus que l'assassinat ciblé est la meilleure stratégie pour garantir la sécurité de la communauté juive.

Ainsi, l'origine de la culture du renseignement et de la défense israélienne provient de l'obscurité de ses débuts. Elle persiste actuellement et se manifeste dès qu'Israël ressent une menace pour sa sécurité. Il est donc très probable que le Hamas et d'autres groupes hostiles envers Israël continueront à en subir les conséquences.

Rétablir la confiance en Tsahal et les forces de sécurité est l'un des principaux buts des assassinats ciblés après le 7 octobre, le premier étant d'envoyer un message brutal à ses ennemis : Israël vous observe et peut vous atteindre n'importe où, à tout moment. Il n'y aura pas de surprise. Dix jours après les attaques du 7 octobre, une traque a été lancée pour mettre la main sur les responsables des pogroms et les neutraliser. « *Nous les trouverons et justice sera faite* », prévenait le porte-parole du gouvernement Mark Regev. Comme il y a 50 ans, lorsque Golda Meir avait donné son accord à l'opération « Colère de Dieu » en réponse à l'attaque contre les athlètes israéliens aux Jeux olympiques de Munich, et un commando avec le Shin Bet et le Mossad avait été formé pour traquer les membres de Septembre noir.

En réponse à l'attaque contre des sportifs israéliens lors des Jeux olympiques de Munich en 1972, le Mossad a mené des opérations d'assassinat de dirigeants palestiniens dans différentes villes européennes pendant deux décennies. Son nom de code serait "Nili", un acronyme symbolique lié à une citation biblique et au réseau d'espions juifs de la Première Guerre mondiale.

Un rappel que les assassinats ciblés ne sont pas une nouveauté pour Israël, bien que leur fréquence ait augmenté pendant la seconde Intifada. (Le 28 septembre 2000, Ariel Sharon, chef de la droite israélienne, défie les règles en visitant l'esplanade des Mosquées, également connue sous le nom de Mont du Temple pour les Juifs, qui est le troisième lieu saint de l'Islam. La colère des Palestiniens bascule dans la seconde Intifada.)

Les objectifs de l'opération « Sabre de fer » sont clairement définis. Le jour après l'assassinat ciblé d'Haniyeh, Yoav Gallant, ministre de la Défense d'Israël a été photographié devant le diagramme montrant la branche armée du Hamas en train de rayer d'une croix le visage de Mohammed Deif, le chef militaire du Hamas qui avait été la cible d'une attaque meurtrière à Gaza le 13 juillet 2024. Et d'annoncer : « *L'Ousama Ben Laden de Gaza a été éliminé.* »

Chapitre 4 : Défense justifiée ou « pas vu, pas pris »

Le choix de faire référence au fondateur d'Al-Qaïda est intentionnel. Tout d'abord, les Israéliens se considèrent en première ligne dans la lutte contre le terrorisme islamiste, que ce soit avec des groupes tels qu'Al-Qaïda, Daech ou le Hamas. Ensuite, ils insistent sur le fait que les plus grandes démocraties ont également recours à cette méthode peu glorieuse. En effet, les Américains ont tué Ben Laden et jeté son corps en mer. Sans susciter de débat. Sans provoquer de discussion. De même, quand François Hollande a divulgué l'existence des opérations « homo » (pour « homicides ») contre des chefs terroristes, le public français a été surpris, non pas par le manque de moralité de la méthode, mais par la façon légère dont Hollande partageait des informations classifiées avec les journalistes

Davet et Lhomme dans "*Un président ne devrait pas dire ça*".

« L'Iran, le Hezbollah et le Hamas ne peuvent pas attaquer Israël (ni New York, ni le métro de Londres, ni les clubs de musique de Paris), et rien ne peut les justifier. S'ils décident d'attaquer, l'Occident doit soutenir la réponse d'Israël, car c'est la chose morale à faire. »
Yaïr Lapid

Pour les mêmes raisons, Israël est exclu parmi les nations. On critique sa manière de mener la guerre à Gaza. Pire, dénonce le chef de l'opposition, Yaïr Lapid, après l'élimination de Chokr et Haniyeh, la réponse du Hezbollah et de l'Iran est attendue par le monde, qui demande à Israël de rester modéré pour éviter une escalade. *« Lorsque les États-Unis ont éliminé Oussama Ben Laden, personne n'a pensé que cela justifiait une attaque d'Al-Qaïda contre Washington ou New York »*, s'indignait-il dans une tribune publiée dans le *Times of Israel*. *« L'Iran, le Hezbollah et le Hamas ne peuvent pas attaquer Israël (ni New York, ni le métro de Londres, ni les clubs de musique de Paris), et rien ne peut les justifier. S'ils décident d'attaquer, l'Occident doit soutenir la réponse d'Israël, car c'est la chose morale à faire. »*

« L'armée la plus morale du monde »
Cela ne veut pas dire qu'Israël a ignoré la question du droit. En revanche, aucun autre pays dans le monde n'a de lois régulant ce qu'on appelle communément les « exécutions extrajudiciaires ». Cela fait référence à la controverse suscitée par l'élimination en 2002 à Gaza de Salah Shehadeh, leader du Hamas à l'époque, par une bombe d'une tonne qui a entraîné la mort de treize autres personnes et blessé 150 autres. En 2006, une décision de la Cour suprême a autorisé les meurtres en cas de danger imminent, en élargissant la définition de « participation directe » aux actes hostiles et celle de « combattant » (en uniforme ou en civil).

Le Premier ministre d'Israël est responsable de décider de lancer une opération, tandis qu'une commission est chargée d'examiner les plaintes liées aux dommages collatéraux. Tsahal, qui s'impose l'éthique d'être « l'armée la plus morale du monde », prend d'ailleurs toutes les précautions pour les éviter selon toutes ses communications. Et elle souhaite le faire connaître. Fréquemment, des vidéos de bombardements aériens sont publiées, montrant la cible sans présence de civils à proximité.

Cependant, la plupart du temps, la seule règle qui compte est celle-là: « pas vu, pas pris ». Tsahal opère légalement, tandis que le Mossad mène ses actions dans la clandestinité. Le réputé bureau israélien des opérations spéciales est connu pour ses nombreuses missions incroyables : traquer des nazis, des scientifiques arabes, et même des missions audacieuses comme celle où Ehud Barak s'est déguisé en femme pour éliminer des membres de l'OLP à Beyrouth en 1973. Suppressions de scientifiques spécialisés dans l'atome ont aussi démontré l'efficacité d'un département doté d'outils hyper-sophistiqués. Considéré comme le service le plus performant au monde, le Mossad fait forte impression. Il suscite la peur, si bien qu'une série de départs ou défections a freiné le programme nucléaire iranien. Il inspire également de la confiance : Israël a pu éliminer Mohammed Deif après huit tentatives grâce à un accord conclu avec un jeune habitant de Gaza, qui était un messager régulier dans les tunnels du Hamas.

Le chef de la branche armée du Hamas (Brigades Ezzedine Al-Qassam), Mohammed Deif, était l'une des cibles les plus importantes pour Israël pendant près de trente ans. Les attaques israéliennes du 13 juillet 2024 ont entraîné la mort de plus de 90 personnes, y compris celle de Deif, dans la région de Khan Younès, située au sud de la bande de Gaza.

Le Mossad est capable de prévoir plusieurs meurtres ciblés quotidiennement à Gaza, en

Cisjordanie ou ailleurs, lorsque par le passé cela nécessitait des mois de préparation.

Cependant, agir sans limites peut conduire au fiasco. En 2010, le meurtre planifié de Mahmoud al-Mabhouh à Dubaï s'est soldé par un échec cuisant. Le responsable du trafic d'armes pour le Hamas a été assassiné dans sa chambre d'hôtel en utilisant un produit paralysant indétectable, administré sans pénétrer la peau à l'aide d'une technologie d'ultrasons.

Dès que les tueurs ont quitté le pays, leur plan a été découvert. La police de Dubaï a également diffusé les images de la vidéosurveillance de l'hôtel montrant les agents secrets se faisant passer pour des joueurs de tennis.

Finalement, ce manque de difficultés à mettre en place des opérations représente également une menace : « *Vous vous habituez à tuer* », explique l'ancien patron du Shin Bet, Ami Ayalon, à Ronen Bergman dans *Lève-toi et le tue le premier*. « *La vie humaine devient une chose ordinaire, dont il est facile de se défaire. Vous consacrez un quart d'heure, vingt minutes à choisir qui vous allez tuer. Sur la façon de le tuer : deux, trois jours. Vous ne traitez que des tactiques, et pas des conséquences. »*

Chapitre 5 : Tuer, et après ?

Sur le plan tactique, les assassinats ciblés présentent des bénéfices. Leur impact dissuasif dépasse largement le choc causé chez l'adversaire. Ils ont le pouvoir de prévenir un attentat, freiner un programme nucléaire ou balistique, affaiblir une organisation terroriste entière. Cependant, il n'est pas certain que ce soit une stratégie en soi sur le long terme. Durant la seconde Intifada, Ariel Sharon a orchestré une vaste série d'assassinats ciblés dans le but de neutraliser 25% des dirigeants du Hamas et de le rendre inefficace. C'est ce qui s'est passé. Suite aux meurtres de Cheikh Yassine, le père fondateur du Hamas en mars 2004, suivi de son successeur trois semaines plus tard, les attaques suicide ont pris fin et le Hamas a appelé à une trêve. Cependant, 20 ans plus tard, c'est Yahya Sinwar, leur successeur, qui a organisé le massacre du 7 octobre 2023.

Aujourd'hui, la différence est que ces éliminations ciblées se produisent pendant la guerre, alors que plus de 100 otages sont toujours détenus par le Hamas. Menées plus tôt dans le conflit, ces actions auraient été plus significatives, mais elles ont été rejetées par Netanyahou. En les déployant après dix mois de conflit, il semble vouloir obtenir la perception de « victoire totale » qu'il convoite, même au risque de déclencher une escalade dans la région. L'élimination de Deif, Haniyeh, Sinwar voir d'autres cibles d'importance demain, ne peut combler le vide stratégique pour la bande Gaza.

En effet, Tsahal est en train de remporter la victoire sur le terrain : le Hamas est affaibli, la plupart de ses installations militaires sont détruites, et des centaines de tunnels de contrebande sont neutralisés. Cependant, il est nécessaire de considérer ce qui se passera après la guerre. Le succès final résultera de l'éradication de la menace terroriste et de l'établissement d'un leadership arabe à Gaza, et non de l'occupation israélienne ou des conséquences négatives qu'elle laisse derrière elle. Le terrorisme déteste le vide.

La stratégie israélienne d'assassinats ciblés a été développée dès la fin de 1947, suite au refus des Palestiniens du plan de partage de l'ONU.

Ben Gourion estime qu'une guerre entre Israël et les Arabes est inévitable, et décide de mener une série d'assassinats ciblés pour éliminer 23 dirigeants arabes palestiniens. En 1948, la Haganah, future armée israélienne, lance une première tentative d'assassinats qui se révèle largement infructueuse. Après la fin de la guerre en 1949, les commandos palestiniens établis dans les pays arabes voisins constituent une menace. En 1956, deux officiers égyptiens responsables de ces missions d'infiltration sont assassinés par des lettres piégées en même temps, à Gaza, territoire alors contrôlé par l'Égypte, et à Amman en Jordanie.

Un tournant à la suite des Jeux olympiques de Munich ?
Le meurtre de neuf sportifs israéliens par le groupe palestinien Septembre noir le 5 septembre 1972 reste dans toutes les mémoires. Après cette attaque, Israël déclenche l'opération « Colère de Dieu », afin de localiser et éliminer tous les Palestiniens suspectés d'être impliqués. Ces activités continuent pendant deux décennies, atteignant le centre de plusieurs grandes villes européennes telles que Rome, ou Paris.

Cependant, il y a eu des erreurs qui ont nui à la réputation du Mossad, notamment en 1973 en Norvège, quand un serveur marocain a été accidentellement identifié comme le cerveau de Septembre noir et tué.

Le Liban, une cible privilégiée de l'État hébreu ?

Depuis 1979, après la signature de l'accord de paix entre l'Égypte et Israël, le Liban est maintenant considéré comme la principale menace pour Israël. Le territoire était devenu un refuge pour de multiples organisations armées palestiniennes, telles que le FPLP, impliqué dans des détournements d'avions, et l'OLP de Yasser Arafat.

Plusieurs chefs palestiniens sont ensuite tués au Liban. Ensuite, en 1982, Israël envahit le Liban et assiège Beyrouth, donnant ainsi naissance au Hezbollah, une nouvelle force antagoniste qui intensifie ses attaques contre Israël. En 1992, malgré l'assassinat de son chef par un missile, le groupe continue de gagner en puissance.

Une méthode employée dans les territoires palestiniens occupés ?
Depuis les années 1980, des organisations islamistes palestiniennes ont surgi à Gaza ainsi qu'en Cisjordanie. Le Jihad islamique et le Hamas posent une nouvelle menace pour Israël, même si la situation semble

s'améliorer avec l'OLP et les accords de paix d'Oslo en 1993. Cependant, en l'an 2000, la seconde Intifada interrompt le processus de paix et provoque une série d'attentats-suicides en Israël. Une réponse massive est donnée et plus de mille assassinats ciblés sont réalisés. Il s'agit fréquemment de projectiles largués par des hélicoptères ou des drones, dont certains touchent leur objectif, mais augmentent les pertes civiles accidentelles. Même si cette campagne affaiblit la deuxième Intifada, elle provoque une nouvelle série de représailles.

Chapitre 6 : La rivalité entre Israël et l'Iran

Jusqu'au samedi 13 avril 2024, les deux puissances engagées dans une guerre indirecte au Moyen-Orient depuis quarante-cinq ans n'avaient pas toujours été en conflit. Israël et l'Iran ont entretenu une rivalité complexe depuis 45 ans. Il y eut une époque où l'Iran et Israël étaient des partenaires. Les relations entre les deux nations ont commencé à se détériorer à partir de 1979 avec l'établissement de la République islamique d'Iran. Dès lors, le régime des mollahs considéra l'État d'Israël comme le « petit Satan » allié aux États-Unis, désignés pour leur part comme le « grand Satan ».

Deux ans après la création d'Israël (1948), l'Iran devient le deuxième pays musulman, après la Turquie, à reconnaître le nouvel État juif. En Iran se trouve notamment la plus grande communauté juive du Moyen-Orient. Israël avait une mission diplomatique majeure en Iran et achetait 40% de son pétrole en échange d'armes, technologies et produits agricoles. La CIA américaine et le Mossad israélien ont même aidé à créer la redoutable police politique iranienne, Savak, en 1957.

En 1979, quand la République islamique a été mise en place, l'Iran a rompu toute relation officielle avec Israël, et ne reconnaît plus désormais le pays.

Le nouveau régime des ayatollahs a interrompu ses liens avec Israël, a rejeté la légitimité des passeports de ses ressortissants et a pris le contrôle de l'ambassade israélienne à Téhéran pour la remettre à l'Organisation de libération de la Palestine (OLP), qui était alors engagée dans la lutte pour établir un État palestinien en opposition au gouvernement israélien. Des relations commerciales non officielles sont néanmoins toujours d'actualité entre les deux nations.

En 1980, le premier groupe palestinien islamiste à s'armer contre Israël est le Jihad islamique, sous l'influence dogmatique de l'Iran. Cependant, pendant la période de conflit entre l'Iran et l'Irak (1980-1988), Israël fournit des missiles à Téhéran. La transaction est divulguée dans le contexte de l'affaire des ventes d'armes américaines à l'Iran (Irangate), dans le but de sécuriser la libération d'otages américains retenus au Liban.

La fondation du Hezbollah en 1982 a aussi marqué un changement significatif. Le Hezbollah représente la force militaire de l'Iran au Liban. En 1982, Israël entre militairement au Liban afin de mettre un terme aux agressions palestiniennes. Les Gardiens de la révolution, la force armée idéologique en Iran, soutiennent la formation du Hezbollah, groupe chiite très actif dans le sud du Liban et engagé dans un conflit armé contre Israël. Israël accuse l'Iran et le Hezbollah d'être impliqués dans plusieurs attentats visant des intérêts israéliens ou juifs à l'étranger.

Le 18 juillet 1994, un attentat à la voiture piégée a eu lieu à Buenos Aires, la capitale de l'Argentine, ciblant l'Amia. L'attaque cible aussi un édifice hébergeant diverses organisations juives, y compris l'Association mutuelle israélite argentine (Amia). Avec 85 personnes décédées et 230 blessées, il s'agit de l'attaque la plus meurtrière jamais enregistrée dans l'histoire de ce pays. Personne n'a jamais revendiqué l'attentat.

En 2006, le procureur argentin Alberto Nisman désigne l'Iran d'avoir commandité l'attaque et le Hezbollah d'avoir exécuté la basse besogne. En 1998, l'Iran déclare avoir effectué le premier essai du missile Chahab-3, capable de parcourir 1 300 km et toucher Israël.

En l'an 2000, l'armée israélienne quitte le sud Liban après environ 18 ans de conflits avec les forces libanaises. Ce départ est considéré comme un succès pour le Hezbollah. L'arrivée au pouvoir de Mahmoud Ahmadinejad en 2005 a entraîné une augmentation des conflits, le président très conservateur iranien annonçant fréquemment la fin d'Israël et rejetant l'Holocauste comme un « mythe ». C'est cette même année que l'Iran décide de reprendre ses activités d'enrichissement d'uranium à Ispahan, au centre du pays.

En 2006, une nouvelle invasion de l'armée israélienne a eu lieu dans le sud du Liban, suivie de bombardements sur la capitale libanaise. Le but du gouvernement d'Ehud Olmert est d'« *éliminer* » la milice chiite suite à l'attaque d'une patrouille militaire israélienne ayant causé huit décès sur le territoire israélien. Le Hezbollah, appuyé par l'Iran, parvient à faire face à l'armée israélienne. Tsahal subit un revers.

En juillet 2015, l'Iran signe un accord régissant son programme nucléaire avec de grandes puissances mondiales. Le Premier ministre Benjamin Netanyahu prévient qu'Israël n'est pas tenu par cet accord en raison de la volonté continue de l'Iran de détruire Israël. En mai 2018, Israël approuve la décision des États-Unis de se retirer de l'accord. À partir de 2013, en pleine guerre en Syrie, Israël désapprouve fortement l'implication militaire du Hezbollah et de son allié iranien en faveur du régime de Bachar al-Assad. Israël effectue des centaines d'attaques envers son voisin, visant les forces gouvernementales syriennes, les troupes iraniennes et les militants du Hezbollah.

En novembre 2017, Benjamin Netanyahu mentionne la collaboration productive et confidentielle d'Israël avec des nations arabes, en raison des préoccupations croissantes liées à l'influence de l'Iran au Moyen-Orient. En septembre 2020, les Émirats et Bahreïn (sunnites), qui sont des alliés de l'Arabie saoudite (sunnite) et partagent une hostilité envers l'Iran chiite, concluent des accords de normalisation avec Israël. Dans les mois qui ont suivi en 2021, Israël a blâmé l'Iran pour des attaques contre des navires israéliens dans le golfe d'Oman, tandis que l'Iran a accusé Israël d'éliminations ciblées et de malveillance à l'usine d'enrichissement d'uranium de Natanz.

De plus en plus d'attaques attribuées à Israël contre des cibles iraniennes en Syrie ont lieu, entraînant la mort d'un colonel en novembre 2022, puis d'un commandant en décembre 2023 des Gardiens de la révolution. Le consulat iranien à Damas est fortement endommagé le 1er avril 2024 lors d'une attaque attribuée à Israël, tuant, selon une ONG, 16 personnes, dont deux généraux des Gardiens de la révolution. Joe Biden, le leader des États-Unis, promet un soutien « solide » à Israël. Environ quatorze jours après l'incident, l'Iran envoie des drones le 13 avril 2024 depuis son territoire vers Israël, ce qui pousse Israël à fermer son espace aérien. Peu de temps avant le début de cette attaque, le Premier ministre israélien Benjamin Netanyahu avait déclaré que son pays était prêt pour une éventuelle attaque directe de l'Iran.

Le samedi 26 octobre 2024, Israël a mené des attaques ciblées sur des installations militaires en Iran en réponse aux attaques subies. Selon Téhéran, le nombre de victimes est d'au moins quatre personnes. La mission appelée « Jours de repentance » a mobilisé de nombreux avions de l'armée de l'air israélienne, notamment des avions de chasse, des avions de ravitaillement et des escadrons de F-35I « Adir » ultramodernes, dans une opération s'étendant sur environ 1 600 kilomètres de distance d'Israël.

Des batteries de défense aérienne et des installations produisant des missiles balistiques ont été ciblées, ces derniers ayant été employés lors des récentes attaques de l'Iran contre Israël. Quatre personnes sont décédées suite aux attaques de missiles israéliennes contre des installations militaires en Iran, en réponse aux récentes attaques de missiles contre Israël le 1er octobre 2024. Vers 2 h 15, les premières explosions ont été entendues à l'ouest de Téhéran, selon l'agence de presse de la République islamique, Irna. Israël a ciblé des installations militaires dans les régions de Téhéran, Khouzestan et Ilam, qui sont proches de la frontière iranienne en Irak, selon l'Iran qui affirme avoir le droit de se défendre.

Israël a effectué trois séries de frappes ciblant les systèmes de défense aérienne et bases militaires, selon le New York Times. Parmi ces installations, il y a celle de Parchin, un grand complexe situé à environ cinquante kilomètres au sud-est du cœur de Téhéran. Le bâtiment détruit appelé « Taleghan 2 » était un édifice utilisé par le programme nucléaire iranien « Amad », dont le Mossad avait dévoilé les détails en 2018. Certains des édifices endommagés étaient situés sur la base militaire de Parchin en Iran, où l'Agence internationale de l'énergie atomique suspecte l'Iran d'avoir réalisé des tests d'explosifs puissants qui pourraient être utilisés pour une arme nucléaire.

Pendant longtemps, l'Iran a maintenu que son programme nucléaire était de nature pacifique, malgré les rapports de l'AIEA, des services de renseignement occidentaux et d'autres organisations affirmant que Téhéran avait un programme d'armement en cours jusqu'en 2003. Des dommages supplémentaires pourraient être découverts à proximité de la base militaire de Khojir, que des experts soupçonnent d'abriter des tunnels souterrains et des installations de fabrication de missiles.

Israël a averti que l'Iran subirait des conséquences graves s'il répliquait à ces récentes frappes.

L'AIEA a affirmé que les sites nucléaires de l'Iran étaient indemnes après les attaques israéliennes contre ces installations militaires. Aucun signalement d'incendie ou d'explosion n'a été fait au sein de la principale raffinerie de Téhéran.

Conclusion

Plus de 1 200 personnes ont été tuées et 5 400 blessées lors des attaques du 7 octobre en Israël, dont 37 enfants. Selon les chiffres publiés par le Hamas, le conflit entre Israël et le Hamas a déjà causé la mort de 42 924 personnes dans la bande de Gaza. Lors de l'attaque du Hamas le 7 octobre 2023, 251 individus ont été capturés en Israël et transférés à Gaza. Parmi eux, 97 personnes restent détenues à Gaza, dont 33 ont été confirmées comme décédées par les forces armées. Malgré de multiples efforts, seulement un accord de cessez-le-feu a été signé en novembre 2023. 86 otages israéliens, 240 prisonniers palestiniens et 24 otages étrangers ont été libérés.

Les lacunes du renseignement israélien ont été dévoilées par l'attaque du Hamas du 7 octobre 2023, ce qui a amené Israël à intensifier les actions d'élimination ciblées. *Les chefs de la résistance palestinienne* et « proxys » de Téhéran, ont été tués à Gaza, au Liban et en Syrie. Israël a ainsi démontré sa capacité à attaquer ses adversaires à tout moment et en tout lieu à travers ses diverses frappes militaires.

Le Mossad semble toujours être en alerte, peut-être plus que n'importe quel autre service secret. Cependant, cette constante recherche d'équilibre, ces nombreuses missions meurtrières, et cette audace parfois choquante pour ses alliés révèlent simplement la fragilité d'un petit État coincé dans une impasse, et qui y restera tant qu'une solution de coexistence pacifique durable ne sera pas trouvée.

Et les tensions entre l'Iran et Israël sont devenues une des principales causes d'instabilité au Moyen-Orient. L'avènement de la révolution islamique de 1979 en Iran a été le départ du refus de l'Iran envers Israël. Pour Téhéran, Israël n'a pas le droit d'exister. Israël accuse l'Iran de financer des groupes « *terroristes* » et de perpétrer des attentats contre ses intérêts, motivés par l'antisémitisme des ayatollahs. La rivalité entre les « ennemis jurés » a fait de nombreuses victimes, souvent le résultat d'actions secrètes dont aucun des deux gouvernements ne reconnaît pourtant la responsabilité.

La guerre à Gaza et l'embrassement au sud Liban n'ont fait qu'aggraver la situation. Israël perçoit aujourd'hui l'Iran comme une véritable menace majeure pour sa survie et la rivalité entre les deux pays est devenue concrète.

Israël a toujours eu une obsession : l'arrêt du programme nucléaire iranien pour empêcher les ayatollahs de posséder l'arme atomique.

Israël s'oppose ouvertement à la déclaration de l'Iran sur la nature civile de son programme et on pense que ses services ont créé avec les États-Unis le virus Stuxnet, qui a causé des dommages importants aux installations nucléaires iraniennes au début des années 2000.

Israël est obsédé par l'arrêt du programme nucléaire iranien. L'arrêt du programme nucléaire iranien est une préoccupation constante pour Israël. Les services de renseignement israéliens ont été accusés par Téhéran d'être derrière les attaques contre des scientifiques atomistes de son programme nucléaire. L'attaque la plus symbolique a été l'assassinat en 2020 de Mohsen Fakhrizadeh, vu comme le principal responsable du programme. Le gouvernement israélien n'a jamais admis avoir joué un rôle dans la mort de scientifiques iraniens.

La guerre civile qui se déroule en Syrie depuis 2011 est une autre cause de conflit. D'après les services de renseignement occidentaux, l'Iran a fait parvenir des fonds, des armes et des instructeurs pour aider les troupes du président Bachar el-Assad à combattre les rebelles cherchant à renverser son pouvoir, ce qui préoccupe Israël, car la

Syrie voisine est considérée comme un canal majeur pour l'envoi d'armes et de matériels au Hezbollah au Liban.

Les Israéliens et les Palestiniens sont en conflit depuis 1947 au sujet de leurs frontières. Suite aux attaques du Hamas le 7 octobre 2023, une nouvelle guerre a éclaté, ravivant l'idée pour les partisans d'une paix stable dans la région de diviser le territoire en deux États distincts. La solution à deux États est tracée par une ligne verte. En pratique, le tracé est basé sur la carte de 1967 qui représente Israël, la Cisjordanie et Gaza. Le but est d'établir une autonomie sur les territoires de Gaza et de Cisjordanie, afin de faciliter la création d'un État palestinien souverain. Le statut de Jérusalem n'est pas clairement défini.

Plus de vingt ans après la seconde Intifada, la proposition de former deux États est de nouveau au centre des négociations diplomatiques à la suite des attentats du 7 octobre perpétrés par le Hamas. Lors de sa venue officielle en Israël le 3 novembre, le secrétaire d'État américain Antony Blinken a déclaré que la résolution à deux États est *« la meilleure option, voire la seule [...] C'est la seule façon de garantir une sécurité durable »* pour Israël et *« la seule façon d'assurer que les Palestiniens atteignent leur légitime désir d'avoir leur propre État »*. Mais la principale question à résoudre est l'occupation de la Cisjordanie et de Jérusalem-Est par Israël. Il y avait 250 000 juifs résidant dans les colonies des territoires occupés après les accords d'Oslo de 1993, leur nombre est maintenant de plus de 700 000.

Avant le début de la guerre le 7 octobre 2023, deux tiers des Palestiniens et Israéliens n'étaient pas favorables à la solution à deux États, selon une enquête menée par le think tank américain, *Center of Research by Pew*. Il y a une baisse significative de 15 points par rapport à la réponse à cette même question posée dix ans en arrière. Benjamin Netanyahu avait déclaré à l'ONU, peu de temps avant l'attaque du Hamas le 7 octobre 2023, que l'option d'une solution à deux États était obsolète, et que l'avenir était celui de la normalisation des relations entre Israël et les États arabes. Cet éclairage est de plus en plus assombri depuis le 7 octobre…